ON ROSES

ON ROSES

Françoise Vandonink & Stefan Roosen

Photography | Photographies | Fotografie:
Joris Luyten

stichting kunstboek

A perfect stroll with the **'prima donna'** of the flowers

Françoise Vandonink & Stefan Roosen, an experienced couple in the floral art world, eagerly took on the challenge of making a book full of rose creations. In this interview they share their vision on floral art and talk about their experience of creating this book.

What does floral art mean to you?

Floral art allows us to express our way of thinking and our creative way of thinking. To many people the job of a florist ends with the 'processing' of the flowers, whereas to us a flower is merely the starting point of our activities. By experimenting with plastic materials alien to our trade and by taking an artful approach to floral design, we open up many new doors and creative possibilities to unknown territories. Every new project is another challenge, which you develop in a different way time and again.

Do you usually work together or do you each go your own way?

It's obvious that we often work together. It's an unorchestrated collaboration and we each spontaneously take on the jobs that suit us best. But of course we each have our own opinions and points of view. A creation can turn out to be entirely different depending on who makes the compositions, but that's exactly what makes it interesting. Through our contrasts we complement each other and that's why we can offer such a wide range of possibilities.
Besides our mutual projects we also take on personal projects. We demonstrate and teach separately, because we each have our individual identity and style.

How can you describe your way of working with floral material?

Many florists only pay attention to the commercial aspect of our trade, whereas for us it's important to focus on the creative aspect. Introducing, exploring and using different materials always creates new opportunities in which the character, identity and appearance of the used materials are the essential point of departure. We often start from the wishes of our customers, although most give us carte blanche and want to be surprised. Our way of working allows us to develop our trade beyond the conventional boundaries of bouquets and arrangements. The possibilities of the available material are limitless and our only goal is to create the perfect aesthetical appearance.

Which materials and colours are important to you? Do you have a favourite material?

We don't really prefer one colour or material to another, although we probably least use yellow flowers. Our choice of materials is strongly related to the season, always changing and never the same. Every season has different materials we love to work with. And it's often the interaction between the different materials which creates the tension that breathes life into a composition and that exceeds the static combination of flowers and colours.

How difficult is it to make a book with the rose as main material?

We have just loved making this book! The rose still holds an important and unique position in floral art: after all it is still the queen of flowers. In this work we've kept the rose in the centre of attention. No other material could at any point become overpowering.
Throughout the different themes we've elaborated for this book, the rose always was our starting point. This resulted in a multitude of amusing and interesting compositions. And that is just the tip of the iceberg, because the possibilities are endless ...
However, the specific characteristics of the rose also make its use quite restrictive. Many other flowers can be used in very different ways. The choice of flowers often strongly depends on the work you want to create and roses can't be used in every arrangement. We feel that every flower possesses a certain 'character', and the same goes for the rose. According to that character you can combine her with other materials. We feel that our stroll with the 'prima donna' of flowers has been very successful.

How do you go about making a creation? How could you describe your personal styles?

That's very hard to explain. The ideas usually come very fast and from these concoctions we distil – either alone or together – the best end result. I think that the spontaneity of our approach also enables us to push the boundaries and to incorporate just that little extra into our creations. Of course we always attentively listen to our customers' wishes and we aspire to live up to them to the best of our abilities. Honestly, how this process works exactly is a mystery to us as well.

Our personal style? Creative, alternative, classic, innovating, driven, passionate, representative, polyvalent, undaunted, of a high technical level, with an artistic approach ... Every creation is a process in the making and offers us and the client a new floral experience.

Do you notice an evolution in your work?

It would be very sad if there wasn't any. I know the pieces that we are creating at the moment and the ones we have made in the past, but not what will be on the menu tomorrow ... Rest assured that our future creations will always be a reflection of our emotions.

You participate in national and international workshops, demonstrations and competitions. What does this mean to you?

We feel it's really important to us to take part in the continuing evolution that's going on in the world of floristry. Exchanging ideas and opinions with people of different nationalities is a big part of this. Call it the 'multi-cultural floral society' if you want: very different and diversified and therefore truly enriching. You don't go on vacation to have fish and chips either, do you? Furthermore, the people you work with are all very motivated to break boundaries bit by bit. It's a really good feeling to be a part of this.

Françoise won the Belgian Championship in 1999, Stefan in 2002 and 2006. How important is this to you?

We're proud to say that we – husband and wife – both carry the title. The feeling that our work is appreciated and that all our efforts pay off, obviously is priceless.
With our creations we want to show something new and not something we have already seen before. First and foremost championships are about exchanging different ideas and artistic impressions. It's possible that holding the title makes it more acceptable to introduce change.

What's the most important thing you can pass on to your students?

The passion for the trade. Everyone can 'sell' flowers, but translating the emotion of your client into personalized compositions is not that easy. We try to make students see that and stimulate their urge to get more out of their craftsmanship.
In the long run the difference between the floral designer, who masters the many floral art techniques, and the seller should become bigger and bigger. When people walk into your shop, you should be able to offer them the quality that is expected of you. That's what we're trying to teach!

Proper training is the corner stone of our trade. If you don't master the techniques, you fall short very soon.

Which message do you wish to convey with this book?

'Flowers love people' is a catchphrase that is still not outdated. Flowers are a part of our life and you have to give flowers during your life. Throughout the book we've tried to translate our inner world and ideas into the many themes and interiors. But first and foremost we wanted to make a 'happy' and inspiring book.

Do you have other dreams you would like to fulfil?

Of course! As soon as you stop dreaming, you stop living ... And we still have plenty of dreams! Too many to name them all. Our first book already is a realisation of one of them, but we have so many more things up our sleeves. Our first goal is the Europe Cup: we're really hoping for a nice result. And after that, the road to new challenges will be open again ...

Une promenade réussie parmi les 'prima donna' des fleurs

Françoise Vandonink & Stefan Roosen, un couple expérimenté dans l'art de la composition florale ont relevé le défi de créer un livre rempli de créations de roses. Dans cette interview, ils donnent leur vision sur l'art de la composition florale et transmettent les émotions que leur procure la réalisation de ce livre et d'autre part leur métier au quotidien.

Que signifie l'art de la composition florale pour vous ?

L'art de la composition florale est pour nous une manière d'exprimer notre univers personnel et notre créativité. Pour beaucoup de gens, la profession de fleuriste s'arrête au 'traitement' des fleurs, alors que pour nous, la fleur est plutôt le point de départ d'où nous démarrons. L'expérimentation avec des matériaux plastiques qui sont étrangers à notre profession ouvrent beaucoup de nouvelles portes sur une autre approche artistique et permettent de nombreuses possibilités créatives dans des directions inexplorées. Chaque nouveau projet est un nouveau défi que l'on relève toujours d'une manière créative.

Travaillez-vous en symbiose ou individuellement selon votre propre voie ?

Nous travaillons évidemment beaucoup ensemble. C'est une étroite collaboration où chacun assume spontanément d'une manière non orchestrée les tâches qui lui conviennent le mieux. Il va de soi que nous avons chacun notre propre opinion et point de vue. Selon que c'est l'un ou l'autre qui gère le projet, le résultat est différent et c'est justement cela qui est enrichissant. Ce sont précisément nos contrastes qui nous rendent complémentaires et qui offrent une quantité de possibilités.
Mais il nous arrive également d'intervenir individuellement. Nous animons chacun séparément des démonstrations et des ateliers car nous avons réellement chacun notre propre identité et style.

Pouvez-vous décrire votre manière de travailler avec du matériel floral ?

Pour de nombreuses personnes, seul l'aspect commercial de notre métier compte. Pour nous, il est important que le facteur créatif garde la prépondérance. L'introduction et le travail de différents matériaux créent toujours de nouvelles possibilités où le caractère, l'identité et l'aspect des matériaux utilisés sont l'essence de la création.
Nous partons souvent du souhait de nos clients, bien que la plupart nous donnent carte blanche et veulent toujours être surpris. Par notre manière de travailler, nous voulons développer la profession au-delà des limites conventionnelles. Les possibilités de la matière disponible sont illimitées, nous les travaillons avec l'aspect esthétique comme objectif principal.

Quels fleurs et couleurs sont importantes pour vous ? Avez-vous une matière de prédilection ?

Nous n'avons pas de préférence vraiment prononcée pour certaines couleurs ou certains matériaux. Cependant, nous avons moins d'affinités avec la couleur jaune et la travaillons moins. Le choix du matériau est pour nous fortement lié à la saison. Chaque saison a des matériaux différents avec lesquels nous aimons beaucoup travailler. Et c'est souvent le jeu d'ensemble entre les différents matériaux qui crée la tension par laquelle une composition prend vie et dépasse la simple association des fleurs et des couleurs.

Comment est-ce de créer un livre avec les roses comme fleurs principales ?

Nous avons trouvé cela très agréable car la rose occupe une place d'honneur dans l'art de la composition florale. Elle est la reine des fleurs. Dans le livre, nous lui avons donc donné la place centrale, sans que les autres matériaux ne dominent. Dans les différents thèmes que nous avons développés, nous sommes toujours partis de la rose, résultant dans une multitude de compositions agréables et intéressantes. En plus, nous pouvons dire qu'il ne s'agit que du sommet de l'iceberg car les possibilités sont infinies.
D'autre part, par sa particularité, la rose est restrictive. Beaucoup d'autres fleurs peuvent être utilisées de manières différentes. Le choix de la fleur dépend souvent très fortement de l'œuvre à créer et tous les arrangements ne se prêtent pas à l'utilisation de roses. Chaque fleur a pour nous un 'caractère' déterminé et selon celui-ci, on les combine avec d'autres matériaux. Nous avons apprécié tout particulièrement notre balade dont nous sommes très fiers.

Comment procédez-vous lors de la réalisation de créations ? Comment décririez-vous en quelques mots votre style personnel ?

C'est très difficile à expliquer. Les idées surgissent en général rapidement et sont agrémentées de réflexion pour résulter dans une composition florale. Je pense que la spontanéité de notre approche nous permet également de repousser les limites des bouquets ou des montages conventionnelles et d'ajouter ce petit supplément d'âme à la création. Nous écoutons

attentivement les souhaits de nos clients et les traduisons fidèlement. La manière dont ce processus se déroule exactement est pour nous aussi une énigme.
Notre style personnel ? Créatif, alternatif, classique, novateur, emporté, passionné, interprétatif, représentatif, polyvalent, ne reculant devant rien, de haut niveau technique, artistique dans l'approche... Chaque création est un processus évolutif qui nous apporte à nous et à nos clients une nouvelle expérience florale.

Y a-t-il une évolution dans votre travail ?

Ce serait dommage s'il n'y avait pas d'évolution. Je sais ce que nous faisons en ce moment et ce que nous avons fait par le passé, mais pas ce qui sera au menu demain... Ce qui est certain, c'est que le futur sera le reflet de nos émotions.

Vous participez à des ateliers, démonstrations, concours nationaux et internationaux. Qu'est-ce que cela signifie pour vous ?

Il est important pour nous de faire partie de l'évolution de l'art de la composition florale. L'échange d'idées et d'opinions entre différentes nationalités en fait partie ; appelons cela la 'société multiculturelle dans le pays des fleurs', très variée et diversifiée et donc enrichissante. Vous ne partez pas en voyage pour manger un steak-frites ? Et bien, c'est la même chose pour l'art floral. Les personnes avec qui l'on peut collaborer sont toutes motivées à sortir des sentiers battus de l'art floral. La sensation d'en faire partie est donc également agréable.

Françoise a remporté le Championnat de Belgique pour professionnels en 1999. Stefan en 2002 et en 2006. Quelle importance cela revêt-il pour vous ?

C'est avec une certaine fierté que nous portons tous les deux le titre et il est évidemment agréable de savoir que notre travail est apprécié et que nos nombreux efforts sont récompensés.
Quand nous créons une composition, c'est pour apporter un élément nouveau qui ne donne pas la sensation de 'déjà-vu', mais le but de cet événement est l'échange d'idées artistiques. La notoriété qui vient avec le titre nous facilite certains démarches innovateurs.

Quelle est la chose la plus importante que vous voulez transmettre à autrui par l'enseignement ?

La passion du métier. Tout le monde peut 'vendre' des fleurs, mais il n'est pas donné à tout le monde de traduire l'émotion du client dans sa composition personnelle. Nous essayons d'enlever les œillères des élèves et d'attiser leur désir de tirer davantage du métier. A terme, la différence entre le professionnel, qui maîtrise les nombreuses techniques de notre métier, et le vendeur, doit devenir de plus en plus grande. Vous devez en effet être en mesure d'offrir à vos clients la qualité qu'ils attendent de vous. C'est cela que nous essayons d'enseigner à nos élèves. Nous considérons la formation comme la base de notre métier. Si l'on ne maîtrise pas les techniques, on ne tarde pas à se montrer sous son vrai jour, c'est-à-dire vendeur de fleurs et non fleuriste dans le sens noble du terme.

Quel message voulez-vous apporter avec ce livre ?

'Les fleurs aiment les gens' est un vieux slogan qui n'est pas encore passé de mode. Les fleurs font partie de notre vie et doivent être offertes dans la vie. A travers tout le livre, nous avons essayé de traduire dans nos œuvres notre monde intérieur et nos idées en de nombreux thèmes et intérieurs. Nous voulions surtout faire un livre 'vivant et surprenant'.

Y a-t-il encore d'autres rêves que vous voudriez réaliser ?

Bien évidemment, car arrêter de rêver, c'est arrêter de vivre... nous n'en sommes pas encore arrivés là. Nous avons énormément de projets et de rêves. Notre premier livre est déjà la réalisation d'un rêve et la voie vers de nouveaux défis est grande ouverte...

Een geslaagde wandeling met de **'prima donna'** van de bloemen

Françoise Vandonink & Stefan Roosen, een ervaren paar in de bloemsierkunst, namen graag de uitdaging aan om een boek vol rozencreaties te maken. In dit interview geven ze hun visie op bloemsierkunst en vertellen ze over hun ervaring bij de creatie van dit boek.

Wat betekent bloemsierkunst voor jullie?

De bloemsierkunst is voor ons een manier om uitdrukking te geven aan onze innerlijke leefwereld en creativiteit. Voor vele mensen stopt het beroep van florist met het 'verwerken' van bloemen, voor ons is de bloem eerder het uitgangspunt waarvan we vertrekken. Een kunstzinnige aanpak en experimenteren met plastische materialen die vreemd zijn aan ons vak, openen veel nieuwe deuren en trekken vele creatieve mogelijkheden open naar onverkende richtingen. Elk nieuw project is een nieuwe uitdaging die je altijd op een andere manier invult.

Werken jullie nauw samen of gaat elk zijn eigen weg?

Uiteraard werken we veel samen. Het is een nauw samengaan waar op een ongeorchestreerde manier elk spontaan de taken op zich neemt die hem het beste liggen. Natuurlijk hebben we elk onze eigen mening en vaak ook een andere invalshoek. Naargelang wie van ons tweeën de taak op zich neemt is de uitwerking ook verschillend, maar dat is nu net het interessante. Het zijn net onze contrasten die ons complementair maken en een enorm potentieel van mogelijkheden herbergen.
Maar natuurlijk treden we ook wel eens individueel op. We geven ook elk apart demonstraties en lessen, want we hebben wel degelijk elk onze eigen identiteit en stijl.

Hoe omschrijf je jullie manier van werken met floraal materiaal?

Voor velen telt alleen het commerciële aspect van ons vak. Voor ons is het belangrijk om de creatieve factor te laten doorwegen. Het aanbrengen, verkennen en gebruiken van verschillende materialen creëert altijd nieuwe mogelijkheden waar het karakter, identiteit en verschijning van de gebruikte materialen het essentiële uitgangspunt zijn.

We starten vaak vanuit de wens van onze klanten, hoewel de meeste ons carte blanche geven en altijd opnieuw verrast willen worden. Met onze manier van werken willen wij het vak verder ontplooien, voorbij de geldende conventionele grenzen van boeketten en bloemstukken. De mogelijkheden van het beschikbare materiaal zijn onbegrensd en zo werken wij ook, met als enige doelstelling de esthetische verschijning.

Welke materialen en kleuren zijn belangrijk voor jullie? Hebben jullie een lievelingsmateriaal?

Er zijn niet echt uitgesproken kleuren of materialen waar we een voorkeur voor hebben. De kleur 'geel' is misschien degene waar we het minst mee werken. De materiaalkeuze is voor ons sterk seizoensgebonden. Ieder seizoen heeft verschillende materialen waar we heel graag mee werken. En het is vaak het samenspel tussen de verschillende materialen dat de spanning creëert waardoor een compositie tot leven komt en het statische samen brengen van bloemen en kleur overstijgt.

Hoe is het dan om een boek te maken met rozen als hoofdmateriaal ?

Het maken van een boek met als hoofdthema rozen vonden wij enorm leuk. De roos blijft ook een heel belangrijke en aparte plaats innemen in de hedendaagse bloemsierkunst. Het blijft de Koningin der bloemen. In het boek hebben we dan ook altijd de roos centraal gehouden. De andere materialen krijgen nooit de overhand. In de verschillende onderwerpen die we uitwerkten, is de roos altijd het startpunt geweest. Dat heeft een veelvoud van originele en interessante composities opgeleverd. En zeggen dat het nog maar het topje van de ijsberg is, want de mogelijkheden zijn zo onbegrensd ...
Anderzijds is de roos met haar specifieke verschijning ook wel beperkend. Vele andere bloemen kan je op heel andere manieren gebruiken. De bloemkeuze hangt vaak heel sterk af van het te maken arrangement en niet alle composities lenen zich tot het gebruiken van rozen. Elke bloem heeft een eigen 'karakter', en dat geldt ook voor de roos. Volgens dat karakter kan je ze dan combineren met andere materialen en vul je het bloemstuk of boeket in. Wijzelf vinden onze wandeling met de 'prima donna' van de bloemen in elk geval geslaagd ...

Hoe gaan jullie te werk bij het maken van creaties? Hoe zouden jullie in enkele woorden je persoonlijke stijl beschrijven?

Dit is heel moeilijk uit te leggen. De ideeën borrelen meestal snel op en uit die hersenspinsels wordt dan, alleen of samen, het beste eindresultaat gedistilleerd. Ik denk dat de spontaniteit van onze aanpak ons ook in staat stelt om de grenzen te verleggen en net dat ietsje meer in de creatie te leggen. We luisteren altijd heel aandachtig naar de wensen van onze

klanten verwachten en vullen ze op de meest geschikte manier in. Hoe dit proces exact verloopt, is ook voor ons een raadsel.
Onze persoonlijke stijl? Creatief, alternatief, klassiek, vernieuwend, gedreven, passioneel, invullend, representatief, polyvalent, van geen kleintje vervaard, technisch hoogstaand, artistiek in aanpak ... Elke creatie is een evolutief proces en elke opdracht biedt ons en onze opdrachtgever een nieuwe florale beleving.

Zit er een evolutie in jullie werk?

Het zou maar spijtig zijn als er geen evolutie was. Ik weet wat we nu op dit moment maken en wat we in het verleden gemaakt hebben, maar vraag me niet wat er morgen op het menu zal staan ... Zeker is dat de toekomst een weerspiegeling van onze emoties zal zijn.

Jullie nemen deel aan nationale en internationale workshops, demonstraties, wedstrijden. Wat betekent dit voor jullie?

Het is belangrijk voor ons om mee deel uit te maken van de continue evolutie die in de bloemsierkunst aan de gang is. Het uitwisselen van ideeën en meningen met verschillende nationaliteiten maakt hiervan deel uit; noem het de 'multiculturele samenleving in bloemenland', heel verscheiden en gediversifieerd en dus verrijkend. Je gaat toch ook niet op reis om biefstuk friet te eten?
De mensen met wie je kan samenwerken zijn allemaal gemotiveerd om de grenzen altijd een beetje te verleggen. Het geeft dus ook een goed gevoel hier deel van uit te maken.

Françoise won het Belgisch kampioenschap in 1999, Stefan in 2002 en 2006. Hoe belangrijk is dit voor jullie?

Met enige fierheid kunnen we zeggen dat we als man en vrouw beide de titel dragen en het is uiteraard fijn om te weten dat je werk geapprecieerd wordt en dat je vele inspanningen hun vruchten afwerpen.
In eerste instantie gaat het hier om de uitwisseling van nieuw ideeëngoed en artistieke uitdrukkingen. Als we een project uitwerken, is het om vernieuwing te brengen en geen voorgekauwd ideetje dat we al vaak gezien hebben. De bekendheid die de titel met zich meebrengt, maakt de vernieuwing soms makkelijker aanvaardbaar.

Wat is het belangrijkste dat jullie bij het doceren aan anderen willen doorgeven?

De passie voor het vak. Bloemen 'verkopen' kan iedereen, maar de emotie van je klant vertalen in zijn persoonlijke compositie is niet voor iedereen weggelegd. We proberen de oogkleppen van de leerlingen af te zetten en hun drang aan te wakkeren om meer uit het vak te halen. Op termijn moet het verschil tussen de vakman, die de vele technieken van ons vak meester is, en de verkoper, altijd maar groter worden. Als mensen je zaak binnenstappen moet je hen de kwaliteit kunnen bieden die van je verwacht wordt. Dat proberen we de leerlingen bij te brengen.
Een goede scholing is de bouwsteen van ons vak. Als je de technieken niet beheerst, val je al gauw door de mand.

Welke boodschap willen jullie met dit boek brengen?

'Bloemen houden van mensen' is een oude slagzin die nog steeds actueel is. Bloemen maken deel uit van ons leven en bloemen moet je schenken in je leven. We hebben geprobeerd om doorheen het hele boek in onze werken onze innerlijke wereld en ideeën te vertalen naar de vele thema's en interieurs. We wilden vooral een 'blij' boek maken.

Zijn er nog verdere dromen die jullie vervuld willen zien?

Natuurlijk, als je ophoudt met dromen, hou je op met leven ... en daar zijn we echt nog niet aan toe.
We zitten nog barstensvol ideeën en dromen, het zijn er echt teveel om op te noemen. Ons eerste boek is nu al de realisatie van een droom, maar de weg naar nieuwe uitdagingen en projecten ligt open ...

Birth

01 | Sleep like a rose
Sur un lit de roses
Slaap als een reus, slaap als een roos
—
Rosa 'Sophie' · Rosa 'Avalanche'

02

03

02 | Flowery pram festoon
Guirlande de landau fleurie
Bloemrijke kinderkoetsguirlande

—

Hydrangea · Rosa 'Mimi Eden' · Phalaenopsis 'Ravel Chuck's' · Hypoestes

03 | Triplets are born ...
La naissance de triplés ...
Drieling geboren ...

—

Brassica oleracea (cauliflower) · Rosa 'Lemonade' · Rosa 'Supergreen' · Rosa 'Inca' · Rosa 'Vendela' · Rosa 'Avalanche'

04 | Baptismal font and Easter candle in floral attire
Fonts baptismaux et cierge pascal habillés de fleurs
Doopvont en paaskaars in bloemengewaad

—

Aspidistra leaf · Draceana leaf · Viburnum opulus · Viburnum tinus · Paeonea 'Sarah Bernhardt' · Rosa 'Hypnose' · Rosa 'Sweet Avalanche' · Rosa 'Eden Romantica' (cluster rose) · Rosa 'Pepita' (cluster rose)

05 | Pure white roses and quail eggs as present for the newborn
Roses blanc pur et œufs de caille comme cadeau de naissance
Zuiverwitte rozen en kwarteleitjes als geboortegeschenk

—

Rosa 'Avalanche' · selection of Cucumis · quail eggs · feathers · pulp cane

05

Special

Events

06 | A different kind of Halloween
Une fête Halloween surprenante
Een verrassende Halloween

—

Various gourds · Rosa 'Lydia' · Kalanchoe xerographica

07

07 | A renovated house: link between present and past
Une maison rénovée: lien entre le présent et le passé
Een vernieuwde woning: link tussen heden en verleden

—

Betula (birch branches) · Viburnum opulus · Thymus vulgaris · Rosa 'Sophie'

08 | Thank you for the invitation
Merci pour l'invitation
Dankjewel voor de uitnodiging
—
Rosa 'Versailles' · Rosa 'Talea' · Rosa 'Impala' · Rosa 'Roulette' · Rosa 'Artemis' · Rosa 'Colandro' · Skimmia · Viburnum opulus · Viburnum tinus · Chamelaucium (waxflower)

09 | What more can a mother wish for ...
Que peut maman souhaiter de plus ...
Wat kan mama nog meer wensen ...
—
Vitis vinifera (vines & fruits) · Rosa 'Toscanini' · Rosa 'Full House' · Rosa 'Grand prix' · Rosa 'Aqua' · Rosa 'Roulette' · Rosa 'Pacific Blue' · Rosa 'Finesse' · Rosa 'Mimi Eden' · Rosa 'Red Sensation'

10

10 | Love is ... a heart filled with roses

L'amour est ... un cœur plein de roses

Liefde is ... een hart vol rozen

—

Aspidistra leaf · Cordyline leaf · Kalanchoe beharensis · Rosa 'Red Eden'

Love

11 | Here comes the groom ...
Le prince charmant arrive ...
Daar komt de bruidegom ...

—

Rosa 'Supergreen' · Lysianthus 'Wonder Light' · Ranunculus · Aspidistra

12 | Fiery bouquet of love
Bouquet ardent d'amour
Vurig liefdesboeket

—

Rosa 'Grand prix' · Rosa 'Red Sensation' (cluster rose) · Cordyline leaf · Rubus merthille

13 | A rose heart ...

Un cœur de roses ...

Een rozenhart ...

—

Aristolochia vine · satin ribbon and pearls · Rosa 'Mimi Eden' (cluster rose) · Rosa 'Toscanini' · Rosa 'Full House' · Rosa 'Pacific Blue' · Rosa 'Grand Prix' · Rosa 'Aqua'

14 | 'Cinquecento' in festive mood
'Cinquecento' en ambiance de fête
'Cinquecento' in feeststemming

—

Rosa 'Cherry Brandy' · Rosa 'Finesse' · unbleached cotton · pulp cane · pearl and ribbon

15 | 'Cinquecento' in festive mood 'bis'
'Cinquecento' en ambiance de fête 'bis'
'Cinquecento' in feeststemming 'bis'

—

Rosa 'Cherry Brandy' · Rosa 'Finesse' · Rosa 'Toscanini' · Vitis vinifera fruits · Rubus merthille · Cordyline leaf · Hydrangea macrophylla · Hedera · pulp cane

14

15

16 | Playful bouquet for a 'playful' flower girl (Ludisia)
Bouquet ludique pour une petite fille d'honneur (Ludisia)
Speels boeketje voor 'speels' bruidsmeisje (Ludisia)
–
Sisal funnel in a shade of pink · flat pulp cane · 'wired' fine rope · Rosa 'Aqua' · Rosa 'Roulette' · Rosa 'Pacific Blue' · Rosa 'Red Sensation' (cluster rose) · Rubus merthille

17 | A frivolous purse for a flower princess (Salomé)
Petit sac pour une princesse d'honneur (Salomé)
Een ludiek handtasje voor een bruidsprinsesje (Salomé)

—

Basket in silk rose petals · Vitis vinifera fruits · Rosa 'Grand Prix' · Rosa 'Roulette' · Rosa 'Pacific Blue' · Rosa 'Mimi Eden'

18

18 | Little rose princess Salomé

La petite princesse de roses Salomé

Het rozenprinsesje Salomé

—

Aristolochia vine · 'wired' rope · embroidered ribbon · pearl and decorative thread · Rosa 'Mimi Eden' · silk rose petals · Hydrangea macrophylla · Hedera

19 | Little rose princess Ludisia
La petite princesse de roses Ludisia
Het rozenprinsesje Ludisia
—
Amalgam of silk rose petals · Hydrangea macrophylla · Hedera

20

20 | Bride and bridal bouquet: colours in harmony
La mariée et son bouquet: en harmonie de couleurs
Bruid en bruidsboeket: een kleurenharmonie
–
Rosa 'Roulette' · Rosa 'Grand Prix' · Rosa 'Yana' (cluster rose) · flexigrass

21 | A festive flowery hat

Le chapeau fleuri des grands jours

Een feestelijke bloemenhoed

—

Rosa 'Avalanche' · Rosa 'Artemis' · Dahlia serena · Kalanchoe beharensis · Hydrangea paniculata 'Kyushu'

21

22

23

22 | A velvet marriage proposal ...
Une demande en mariage de velours ...
Een fluwelen huwelijksaanzoek ...
—
Rosa 'Red Sensation' (cluster rose) · Rosa 'Grand Prix' · Rosa 'Roulette' · Rosa 'Pacific Blue' · Heuchera purpurea leaf

23 | Blooming bridesmaids
Une demoiselle d'honneur en fleurs
Bloeiend bruidsmeisje
—
Buddha nut · Hydrangea · Rosa 'Grand Prix' · Rosa 'Passion' · Malus

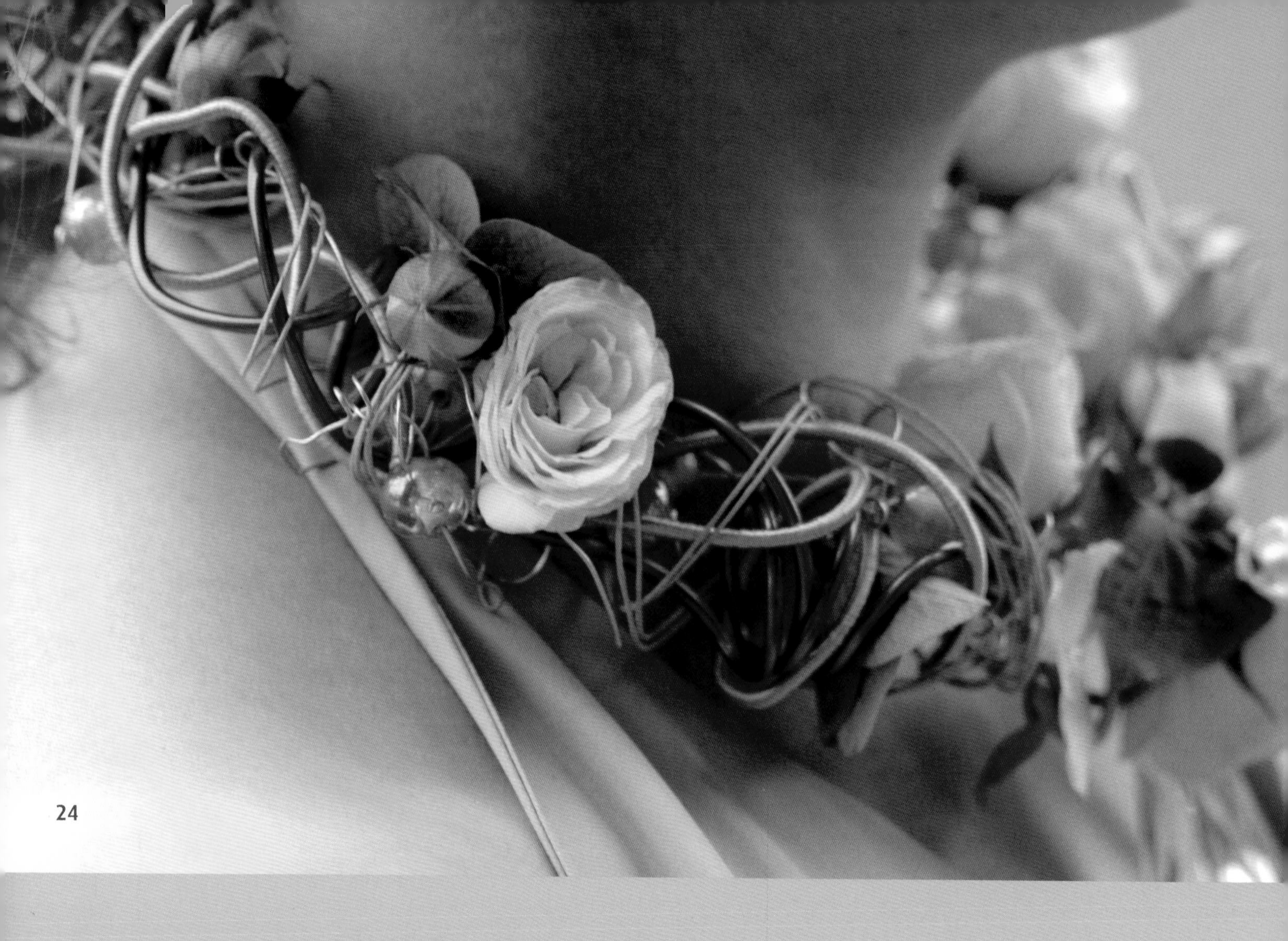

24 | A jewel for the bride

Un bijou pour la mariée

Een juweel voor de bruid

—

Red copperwire · 'wired' thread · pearl and decorative thread · Hydrangea macrophylla · Rosa 'Mimi Eden'

25 | In female ambiance

Ambiance féminine

In vrouwelijke ambiance

—

Handmade holder in silk rose petals · Rosa 'Adventure' · Rosa 'Cherry Brandy' · Rosa 'Mimi Eden' · Rosa 'Toscanini' · Rosa 'Full House' · Heuchera purpurea leaf · Cordyline leaf · pulp cane · glass pearls

26 | Bridal umbrella

Ombrelle nuptiale

Bruidsparaplu

—

Rosa 'Sweet Avalanche' · Rosa 'Toscanini' · Rosa 'Roulette' · Rosa 'Full House' · Rosa 'Revue' · Physalis alkekengi · rose hip

27 | A floating marriage proposal

Demande en mariage flottante

Een drijvend huwelijksaanzoek

—

Rosa 'Impala' · Rosa 'Sweet Avalanche' · Rosa 'Red Sensation' · Rosa 'Grand Prix' · Rosa 'Vendela' · Rosa 'Pacific Blue' · Rosa 'Aqua' · Rosa 'Renate'

27

28 | Pearly bouquet

Bouquet perlé

Parelend boeketje

—

Rosa 'Artemis' · Rosa 'Eden Romantica' · Hyacinthus · pulp cane · Aspidistra leaf · pearls

Pink bouquet

Bouquet rose

Roze boeketje

—

Rosa 'Eden Romantica' · Rosa 'Hypnose' · Ranunculus

White-blue bouquet

Bouquet blanc et bleu

Wit-blauw boeketje

—

Rosa 'Avalanche' · Ranunculus

29 | Saab in flowers
Saab en fleurs
Saab in bloemen

—

Rosa 'Talea' · Rosa 'Artemis' ·
silk rose petals

30 | Altar decoration in shades of white and red

Décoration d'autel en blanc et rouge

Altaarversiering in wit en rode tinten

—

Rosa 'Avalanche' · Rosa 'Grand prix' · Viburnum compacta · Hydrangea · Safari · Panicum fountain · Rubus merthille · Hedera · natural pulp cane

31 | Romantic bridal bouquet

Bouquet de mariée romantique

Romantisch bruidsboeket

—

Rosa 'Sweet Avalanche' · Rosa 'Avalanche' · Rosa 'Lydia' (cluster rose) · Aspidistra · Hydrangea paniculata 'Kuyshu' · skeleton leaf · Gaultheria shallon

Decoratio

32 | In harmony with the sweets
Une harmonie sucrée
In harmonie met de snoepjes

—

Rosa 'Versailles' · Rosa 'Pepita' · Rosa 'Pepita Romantica' · Rosa 'Pacific Blue' · Rosa 'Heaven' · Rosa 'Supergreen' · Rosa 'Halloween'

33 | Clean horizontal-vertical decoration
Décoration sobre horizontale-verticale
Strakke horizontaal-verticaaldecoratie
—
Berrie Populus · Dianthus · Vanda 'Cerise Magic' · Viburnum tinus · Mirthe · Rosa 'Pacific Blue' · fruit of Cucumis

34 | Candy coloured rose arrangement
Composition de roses en couleurs de bonbons
Snoepkleurige rozencompositie
—
Polygonum · Rosa 'Pacific Blue' · Rosa 'Versailles' · Rosa 'Halloween' · Rosa 'Heaven' · Rosa 'Pepita'

34

35 | Just that tiny bit of roses ...
Ce tout petit peu de roses ...
Net dat beetje rozen ...

—

Rosa 'Toscanini' · Rosa 'Versailles' ·
Rosa 'Impala'

36 | Florally dressed entrance hall
Le hall d'entrée décoré de fleurs
Inkomhal floraal aangekleed
—
Rosa 'Avalanche' (cluster rose)

36

37 | A pleasant ambiance
Une ambiance conviviale
Een gezellige ambiance
—
Rosa 'Versailles' · Rosa 'Passion'·
Rosa 'Grand Prix'

38 | Flowery washbasin

Lavabo pimpant

Fleurige wastafel

—

Viburnum tinus · Viburnum opulus · Rosa 'Versailles' · Rosa 'Impala' · bark

39 | Frivolous decoration of the stairwell

Décoration ludique de l'escalier

Ludieke decoratie van de traphal

—

Rosa 'Finesse' · Rosa 'Talea' · Thymus vulgaris · Cetratia islandica (Icelandic moss) · pulp cane

40

40 | Roses in the clouds

Roses dans les nues

Rozen in hogere sferen

—

Rosa 'Grand prix' · pulp cane

41 | Attractive decoration in a Chinese drawing room

Décoration d'ambiance dans le salon chinois

Sfeerdecoratie in Chinees salon

—

Rosa 'Passion' · Rosa 'Toscanini' · Rosa 'Avalanche' · Rosa 'Roulette' · Rosa 'Versailles'

42 | Piano concerto for Rosa

Concerto pour piano pour Rosa

Pianoconcerto voor Rosa

—

Rosa 'Grand Prix' · Rosa 'Impala' · Rosa 'Toscanini' · Rosa 'Colandro' · Viburnum opulus · Hypericum · Viburnum tinus · Skimmia · Ligustrum · Pittosporum · Thymus

43 | Folding screen

Paravent

Paravent

—

Rosa 'Avalanche' · Eucharis grandiflora · Viburnum opulus

44 | A library brimful of books and flowers

Une bibliothèque bondée de livres et de fleurs

Een bibliotheek vol boeken en bloemen

—

Fritillaria · Viburnum opulus · Phalaenopsis · Rosa 'Talea' · Hypericum

43

45 | Preparing for the big day ...
La préparation du grand jour ...
Voorbereiding op de grote dag ...

—

Rosa 'Avalanche' (cluster rose) · Rosa 'Kiwi' · Rosa 'Akito' · Ranunculus · Viburnum opulus · Eucharis grandiflora · Fritillaria · Hypericum · Hedera

46 | Bedroom romance
Bonheur dans la chambre
Slaapkamergeluk

—

Rosa 'Talea' · Rosa 'Avalanche' · Rosa 'Kiwi' · Viburnum Opulus · Ranunculus

47

47 | Romantic bathtime fun

Plaisir de bain romantique

Romantisch badplezier

—

Rosa 'Supergreen' · Rosa 'Cherry Brandy' · Rosa 'Versailles' · Rosa 'Talea' · Rosa 'Kiwi' · bark

48 | Rose promenade
Promenade de roses
Rozenpromenade
—
Rosa 'Grand Prix' · Rosa 'Passion' ·
Rosa 'Red Sensation' (cluster rose)

49 | Pond flowers
Fleurs d'étang
Vijverbloemen
—
Rosa 'Mimi Eden' · Rosa 'Toscanini' · Rosa 'Pacific Blue' · Rosa 'Talea' · Hydrangea paniculata 'Kyushu' · Alchemilla mollis · Hedera · Aspidistra leaf

50 | A colourful welcome

Un accueil coloré

Een kleurrijk welkom

—

Rosa 'Grand Prix' · Rosa 'Aqua' · Rosa 'Cherry Brandy' · Rosa 'Prophyta' · Rosa 'Passion' · Rosa 'Macarena' (cluster rose) · Rosa 'Toscanini' · Rosa 'Flame' (cluster rose) · Rosa 'Roulette'

50

51 | 'The sky is the limit', musical impression
'The sky is the limit', impression musicale
'The sky is the limit', muzikale impressie
—
Rosa 'Red Eden' · Rosa 'Sweet avalanche' · Rosa 'Vendela' · Rosa 'Nicole'

52 | Decoration for a Walking Dinner
Décoration 'Walking Dinner'
Walking Dinnerdecoratie

—

Sisal funnels in various colours · skeleton leaf · Rosa 'Supergreen' · Rosa 'Finesse' · Rosa 'Avalanche'

53 | Welcoming decoration
Décoration de bienvenue
Welkomstdecoratie
—
Rosa 'Artemis' · Rosa 'Alaska' · Dahlia serena · Hortensia macrophylla · Amaranthus caudatus alba · Alchemilla mollis · Hedera · Muelenbeckia · Bambusa · Artemis

54 | Decoration on the trail
Décoration sur le sentier de promenade
Decoratie op het wandelpad
—
Rosa 'Winchester Cathedral'(cluster rose) · Rosa 'Lydia' (cluster rose) · Rosa 'Green' · Rosa 'Avalanche' · Hedera

55

55 | Door decoration in style
Décoration de porte avec allure
Deurversiering in stijl

—

Rosa 'Talea' · Rosa 'Artemis' · Rosa 'Hypnose' · Rosa 'Roulette' · Rosa 'Pepita' (cluster rose) · Draceana leaf · silk rose petals

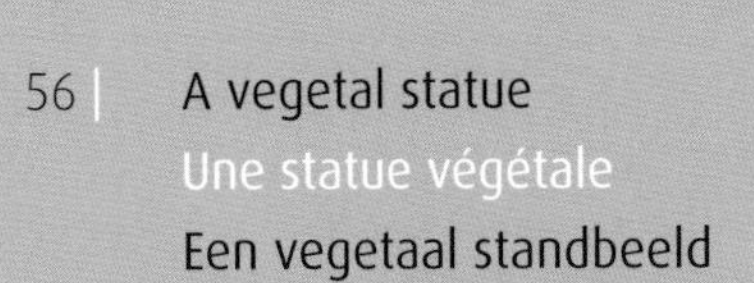

56 | A vegetal statue
Une statue végétale
Een vegetaal standbeeld

—

Rosa 'Sweet Avalanche' · Rosa 'Toscanini' · Rosa 'Artemis' · Rosa 'Pacific Blue' · Rosa 'Talea' · Rosa 'Red Sensation' (cluster rose) · Hydrangea macrophylla · Alchemilla mollis · Santolina · Hedera

57 | Room-divider made of rose petals
Paravent de pétales de roses
Paravent van rozenblaadjes
—
Rosa

58 | Vegetable skewers
Brochettes végétales
Speelbrochettes

—

Fruits of Cucumis · Rosa 'Pepita' · Rosa 'Halloween' · Rosa 'Pepita Romantica'

59 | Rose fruit cake
Gâteau de fruits et de roses
Rozenfruittaart
—
Gaultheria shallon · Rosa 'Pacific Blue' · Rosa 'Artemis' · Rosa 'Vendela' · Rosa 'Pepita' · Rosa 'Pepita romantica' · fruits of Cucumis · felt

60 | Rosa 'Pepita' whipcream cake
Gâteau à la crème Rosa 'Pepita'
Rosa 'Pepita'-slagroomtaart
—
Rosa 'Pepita'

61 | Rosy-tasty cake
Tarte gourmande rose
Rozige smultaart
—
Aspidistra leaf · Viburnum opulus · Rosa 'Aqua' · Rosa 'Vendela' · Rosa 'Pepita' · Rosa 'Pepita romantica' · Rosa 'Heaven' · fruits of Cucumis · felt spheres

61

62 | Flower ice-cream cones
Cornets alternatifs
Bloemenhoorntjes
—
Rosa 'Heaven' · Rosa 'Pepita' · Rosa 'Pacific Blue' · Muscari

63 | A colourful children's table
Une table d'enfant gaie
Een fleurige kindertafel
—
Rosa 'Heaven' · Rosa 'Pacific Blue' · Rosa 'Halloween' · Rosa 'Supergreen' · Rosa 'Pacific Blue' · Rosa 'Versailles' · fruits of Cucumis

63

64

64 | Jackstraws roses

Mikado de roses

Rozenmikado

—

Dianthus · Rosa 'Versailles' · Rosa 'Supergreen' · Rosa 'Pepita' (cluster rose) · Rosa 'Pepita Romantica' (cluster rose) · Rosa 'Heaven' · Rosa 'Mimi Eden' (cluster rose)

65 | Flowery Easter breakfast

Petit-déjeuner de Pâques fleuri

Bloemrijk Paasontbijt

—

Rosa 'Talea' · Rosa 'Colandro' · Rosa 'Impala' · Rosa 'Toscanini' · Rosa 'Finesse' · Rosa 'Aqua' · Rosa 'Revival' · Rosa 'Passion' · Rosa 'Roulette' · Bonsai twigs

66 | 'Aperitif flowers'

'Fleurs d'apéritif'

'Aperitiefbloemen'

—

Rosa 'Talea' · Rosa 'Colandro' · Rosa 'Impala' · Rosa 'Toscanini' · Rosa 'Finesse' · Rosa 'Aqua' · Rosa 'Revival' · Rosa 'Passion' · Rosa 'Roulette' · Bonsai branches

66

67 | Champagne or roses?
Du champagne ou des roses?
Champagne of rozen?

—

Rosa 'Supergreen' · Rosa 'Pepita' (cluster rose) · Rosa 'Heaven' · Rosa 'Pacific Blue' · Rosa 'Halloween'

Aspidistra bavarois with roses
Bavarois d'Aspidistra aux roses
Aspidistrabavarois met rozen

—

Rosa 'Sweet Avalanche' · Rosa 'Pepita' · Rosa 'Pacific Blue' · Rosa 'Supergreen' · Ranunculus hybride · Ranunculus · Aspidistra leaf

68 | Champagne cocktail
Cocktail de champagne
Champagnecocktail

—

Rosa 'Purple Cezanne' · Rosa 'Roulette' · Rosa 'Sweet Avalanche' · Rosa 'Talea' · Viburnum opulus · Prunus avium (cherry tree)

69 | Pure table decoration

Décoration de table pure

Pure tafeldecoratie

—

Viburnum opulus · Anthemis · Lisianthus 'Wonder Light' · Rosa 'Talea' · Rosa 'Avalanche' (cluster rose) · Rosa 'Sophie' · flexigrass · Ranunculus

70 | Afternoon tea

Thé de l'après-midi

Afternoon tea

—

Rosa 'Versailles' · Rosa 'SuperGreen' · Rosa 'Colandro' · Viburnum opulus · twigs

71 | The children are partying along with flowers
Les enfants aussi fêtent parmi les fleurs
De kinderen feesten bloemrijk mee

—

Rosa 'Eden romantica' · Rosa 'Hypnose' · Viburnum tinus · rose petals of various Rosa · skeleton leaves

72 | 'Table d'Honneur'
'Table d'Honneur'
'Table d'Honneur'

—

Ranunculus hybride · Hedera · Viburnum opulus · Viburnum tinus · Paeonea 'Sarah Bernhardt' · Rosa 'Grand Prix' · Rosa 'Roulette' · Rosa 'Tamango' · Rosa 'Eden Romantica' · Rosa 'Pepita' · Cordyline leaf

73 | Mantel decoration
Garniture de cheminée
Schouwgarnituur
—
Rosa 'Grand Prix' · Rosa 'Hypnose' · Rosa 'Pepita' (cluster rose) · Rosa 'Tamango' · Ranunculus hybride · skeleton leaf

74 | Chandelier, all dressed up for the festive diner
Le lustre paré pour le banquet
Kroonluchter getooid voor het feestdiner
—
Aspidistra leaf · Rosa 'Tamango' · Rosa 'Pepita'

Goodbye

75 | Funeral wreath

Couronne funéraire

Rouwkrans

—

Hedera · rose hips of Rosa rugosa · rose hip of Rosa rubiginosa · Rosa 'Toscanini' · Hydrangea · Sedum spectabile · pulp cane

76 | Farewell to a child

L'adieu d'un enfant

Afscheid van een kind

—

Hydrangea · Amaranthus caudatus · Aspidistra leaf · Rosa 'Sophie' · Phalaenopsis · pulp cane

77 | In the shape of a cross

En croix

Kruisvorm

—

Lavendula angustifolia · rose hip · Skimmia · Heuchera purpurea · Hydrangea · Rosa 'Aqua' · Rosa 'Anna' · vines of Vitis vinifera · Hedera · Calicarpa

78 | Tomb decoration
Décoration funéraire
Grafdecoratie
—
Rosa 'Sophie' · Rosa 'Avalanche' · Rosa 'Lydia' · Aspidistra · Santolina · Hydrangea · Betula bark

79 | On All Saint's Day
Pour la Toussaint
Voor Allerheiligen
—
Quercus leaf · Rosa 'Avalanche' · Hydrangea paniculata 'Kyushu' · Hydrangea

80 | Memorial wreath in cotton shape
Couronne commémorative avec base en coton
Herdenkingskrans in katoenen vorm
—
Rhipsalis · Phalaenopsis · Hedera helix · Kalanchoe beharensis · Aristolochia vines · Alchemilla mollis · Rosa 'Avalanche' · Rosa 'Lemonade' · Rosa 'Artemis' · Santolina · Artemis 'Silver Queen'

80

81

82

81 | Symbolic memorial wreath
Couronne commémorative symbolique
Symbolische herdenkingskrans

—

Rosa 'Finesse' · Hydrangea · flower of Heuchera purpurea · Viburnum compacta · Rubus merthille · dried leaf of Pandanus · Hedera · pulp cane · rust

82 | A flower arrangement adorns the grave
Un arrangement de fleurs orne la tombe
Bloemstuk siert het graf

—

Vines of Vitis vinifera · vines of Clematis vitalba · Hydrangea · Kalanchoe beharensis · Rosa 'Full House'

Biography
Biographie
Biografie

Françoise Vandonink learned the tricks of the trade in the workshops of Mr and Mrs Dewinter in Ghent. Soon afterwards, she developped her own style and identity.
Her talent was confirmed by many first prizes, among which the Tivoli Cup (Copenhagen, Denmark). Since 1999 she proudly carries the title 'Belgian Champion of Floral Art for Professionals', the crowning glory of her many efforts.
The passion for the trade brought her, alone or in team, around the world. China, Dubai, Canada and many European destinations belong to her field of activity. Demonstrations, workshops, work for events, publications and seminars in Belgium and abroad ... are some of her many activities.
In February 1999 she opened the doors to her own flower shop and thus created a forum for her creativity and personal style. Her perseverance and continued search for renewal in her design expand her field of activity every day.

Stefan Roosen, born and bred in Leuven, learned the passion for flowers at his mother's knee. He grew up amidst the flowers in the shop of his parents. This made his further evolution a fact rather than a question mark.
Stefan, self-taught man by nature, perfected his skills and was taught by the best. He strives for technical perfection in his work and focuses the attention to the splendour of the flower. Soon he was teaching professionals himself, thus passing on the intensity he feels for his trade.
Taking part in several competitions and exhibitions poses a constant challenge to him. In 2002 he was awarded the title 'Belgian Champion of Floral Art for Professionals', a prestigious title since this competition is only organised every four years. To everybody's surprise he participated again in 2006 and bagged the victory again ... with verve.
On top of running his own shop he also gives demonstrations, takes part in publications, works for events and teaches in Belgium and abroad.

Since 2001 **Stefan** and **Françoise** have been working together, joining forces in Belgium and abroad.

Françoise Vandonink a appris les ficelles du métier de fleuriste dans les ateliers de monsieur et madame Dewinter à Gand. Elle a assez rapidement développé son propre style et sa propre identité.
Son talent a été couronné par plusieurs premiers prix dont la coupe Tivoli à Copenhague, au Danemark. Elle porte avec fierté depuis 1999 le titre de 'Championne de Belgique d'Art Floral pour les Professionnels', l'aboutissement de ses nombreux efforts.
La passion du métier l'a amenée partout dans le monde, seule ou en équipe. La Chine, Dubaï, le Canada et de nombreuses destinations européennes font partie de son champ d'action. Des démonstrations, des ateliers, le travail événementiel, des publications et l'enseignement en Belgique et à l'étranger font partie aujourd'hui encore de ses activités.
En février 1999, elle a ouvert les portes de sa propre maison où sa créativité et son style propre ont un lieu pour s'épanouir. Sa persévérance et sa recherche continue de l'innovation dans son design élargissent tous les jours son champ d'action.

Stefan Roosen est né et a grandi à Louvain. Il a depuis sa plus tendre enfance le goût des fleurs. Il a grandi parmi les fleurs dans la maison de ses parents. La poursuite de son évolution a donc plutôt été un fait qu'un point d'interrogation.
Stefan, autodidacte de nature, a perfectionné son art et a été instruit par les meilleurs. Il recherche pour lui-même une perfection technique dans son travail et place la beauté des fleurs au centre. Il a rapidement donné des cours à des professionnels pour leur transmettre l'intensité avec laquelle il vivait son métier.
La participation à divers concours et expositions constitue pour lui un défi permanent. En 2002, il a obtenu le titre de 'Champion de Belgique d'Art Floral pour Professionnels', un titre prestigieux étant donné que ce concours n'est organisé que tous les quatre ans. A la surprise générale, il a participé en 2006 et a une nouvelle fois remporté le titre.
Outre le magasin, il y a les démonstrations, les publications, le travail événementiel et les cours qu'il donne en Belgique et à l'étranger qui sont liés indissociablement à ses intérêts professionnels.

Depuis 2001, **Stefan** collabore avec **Françoise** et ils unissent leur créativité, en Belgique et ailleurs.

Françoise Vandonink leerde de kneepjes van het floristieke vak in de ateliers van de heer en mevrouw Dewinter in Gent. Al snel ontplooide ze haar eigen stijl en identiteit.
Haar talent werd bevestigd door verschillende eerste prijzen waaronder de Tivoli-cup in Kopenhagen, Denemarken. Met trots draagt ze sinds 1999 de titel 'Kampioen van België Bloemsierkunst voor Professionelen', een bekroning voor de vele inspanningen.
De passie voor het vak bracht haar, alleen of in team, de wereld rond. China, Dubai, Canada en vele Europese bestemmingen behoren tot haar werkterrein. Demonstraties, workshops, evenementwerk, publicaties en doceren in binnen- en buitenland behoren ook vandaag nog tot haar activiteiten.
In februari 1999 opende ze de deuren van haar eigen zaak en kreeg haar creativiteit en eigen stijl een etalage. Haar doorzettingsvermogen en het continue zoeken naar vernieuwing in haar design verruimen haar werkterrein dag na dag.

Stefan Roosen, geboren en getogen Leuvenaar, kreeg van kleins af aan al de smaak voor bloemen te pakken. Hij groeide op tussen de bloemen in de zaak van beide ouders. Zijn verdere evolutie was dan ook eerder een feit dan een vraagteken.
Stefan, autodidact van nature, vervolmaakte zijn kunde en werd onderricht door de besten. Hij streeft voor zichzelf een technische perfectie na in zijn werk en stelt de pracht van de bloem centraal. Hij gaf al snel les aan professionelen om de intensiteit waarmee hij zijn vak beleefde te kunnen doorgeven.
Deelnemen aan verschillende wedstrijden en exposities is voor hem een constante uitdaging. In 2002 behaalde hij de titel 'Kampioen van België Bloemsierkunst voor Professionelen', een prestigieuze titel gezien deze wedstrijd slechts elke vier jaar wordt georganiseerd. Tot ieders verbazing nam hij nogmaals deel in 2006 en sleepte met brio opnieuw de overwinning binnen.
Naast de eigen zaak zijn demonstraties, publicaties, evenementenwerk en lesgeven in binnen- en buitenland onafscheidelijk verbonden met zijn vakinteresses.

Sinds 2001 werkt **Stefan** samen met **Françoise** en bundelen zij hun creativiteit, in België en erbuiten.

Creations | Créations | Creaties
Françoise Vandonink & Stefan Roosen
Place Pierre Delannoy 68
B-7850 Edingen
Tel.: +32 02 395 69 77
E-mail: francoise.vandonink@skynet.be
www.vandonink.be

Photography | Photographies | Fotografie
Joris Luyten

Text & final editing | Texte & rédaction finale | Tekst en eindredactie
An Theunynck
Eva Joos
Femke De Lameillieure

Translation | Traduction | Vertaling
X-L-Ent, Roeselare (français)

Layout | Mise en pages | Lay-out
Graphic Group Van Damme bvba, Oostkamp

Printed by | Imprimé par | Druk
Graphic Group Van Damme bvba, Oostkamp

Published by | Une édition de | Een uitgave van
Stichting Kunstboek bvba
Legeweg 165
B-8020 Oostkamp
Tel.: +32 50 46 19 10
Fax: +32 50 46 19 18
info@stichtingkunstboek.com
www.stichtingkunstboek.com

ISBN: 978-90-5856-226-5
D/2007/6407/18
NUR: 421

Our special thanks go out to | Nos plus vifs remerciements | Onze oprechte dank gaat uit naar:

Photography | Photographies | Fotografie
Joris, for his input and professionalism
Joris, pour son apport et professionnalisme
Joris, voor zijn inbreng en professionalisme

The children | Les enfants | De kinderen
Salomé & Ludisia Roosen, Emma Maury, Charline & Lila Lerminau, Vicky Raschaert, baby/bébé Lea

The models | Les modèles | De modellen
Claire Lefèvre, Laurence Pacquot, Annick Manccini, Nathalie Graeffe

Cars | Voitures | Wagens
Didier & Laurence Gorix-Pacquot

Locations | La mise à disposition des lieux | Locaties
City of | Ville de | Stad Enghien/Edingen, St.-Niklaas church | église | kerk
Nadine Piessevaux, Fam. Porson-Dubois
Restaurant 'La cuisine de mon père': Jordy & Florence Maury
Theehuis 'Deli-k': Emile & Christine Selvais

'Mamie' Josette, Françoise Lerminau, Isabelle Leroy
Dhr. Haguinet, sacristan | sacristain | sacristijn

Euroveiling Brussels
Flowers and plants | Fleurs et plantes | Planten en bloemen

OASIS® FLORAL PRODUCTS: SMITHERS-OASIS BELGIUM N.V.

Stichting Kunstboek
for their creativity and patience ...
pour leur créativité et patience ...
voor hun creativiteit en geduld ...

CEBA Confort
for their material support and enthusiasm, www.ceba.be
pour leur soutien matériel et enthousiasme, www.ceba.be
voor hun materiele steun en enthousiasme, www.ceba.be